Roswitha Weber
Ursula Körber-Schuhen

Liebe, Glaube, Hoffnung

Gedichte

Nach der Idee von
Roswitha Weber
Bearbeitet und gestaltet
Ursula Körber-Schuhen

Kreativ Forum Westerwald

Herstellung und Verlag:
BoD - Books on Demand, Norderstedt
ISBN: 978-3-7526-6732-5
1. Auflage Januar 2021
Titel des Werkes:
Liebe, Glaube, Hoffnung
© Roswitha Weber und
Ursula Körber-Schuhen
Kreativ Forum Westerwald

Wir über uns

Im Kreativ Forum Westerwald
vereinigen sich Hobby-Autoren,
die aus Spaß an der Freude schreiben.
Unser aller Bestreben liegt darin,
unseren Leserinnen und Lesern in dieser
spürbar schnelllebigen Zeit
etwas Entspannung zu schenken.

Unser Dank gilt Ihnen allen.
Sie haben uns mit Ihrem Interesse an
unseren Werken in den vergangenen Jahren
immer wieder motiviert.
Nun hoffen wir sehr, dass unsere
Neuerscheinungen Sie ebenso ansprechen,
wie die bereits bestehenden Bände.
Wir wünschen Ihnen
viel Freude beim Lesen.

Die Autoren des
Kreativ Forums Westerwald

Anmerkung des Kreativ Forums:
In diesem besonderen Band haben sich die Ideen
von Roswitha Weber mit der Schreibweise von
Ursula Körber-Schuhen in einer etwas anderen Art
unseres Schreibens getroffen. Die naturnahen,
ermutigenden Gedichte von Roswitha Weber
tauchen in die melancholischen Reime der Autorin
Ursula Körber-Schuhen ein.
Überzeugen auch Sie sich von dieser angenehmen
Besonderheit.

Liebe, Glaube, Hoffnung

Liebe, Glaube und Hoffnung.
Das sind drei starke Worte.
Sie mögen Dich stets begleiten
an alle erdenklichen Orte.

Mit diesen wenigen Zeilen
möchte ich Dir Freude bereiten.
Ich möchte Dich ein Stück
Deines Lebens begleiten.

Ich forme gerne Worte
zu einem kleinen Gedicht.
Erfreut mich jeden Lächeln,
das verzaubert Dein Gesicht.

Sei offen, mutig und ehrlich
immer und zu jeder Zeit.
So öffnen sich die Türen
zur Freude und zur Herzlichkeit.

Die Hoffnung und die Liebe
stimmen alle Herzen froh.
Im Glauben an das Leben
erfüllen sich Wünsche ebenso.

Mutter Erde

Schau Du - gute Mutter Erde
von Herzen grüße ich Dich.
Deine herrliche Natur - sie lebt
und mit ihr sehr gern auch ich.
Deine Kraft und mein Vertrauen
-Die Quelle meines Seins-
Du bist mit allem verbunden.
Denn Du machst aus allem eins.

Alles, was ich weiß und bin
biete ich der wärmenden Sonne dar.
Das helle Licht und die wahre Liebe
sind meinem Herzen immer nah.

Ich löse alle negativen Banden
einer angepassten Vergangenheit.
Umarme stattdessen für immer
meine geschätzte Einzigartigkeit.

Ich finde mich wieder
in den Armen des Meisters,
der ich in meinem
Leben doch selber bin.
Denn die Liebe und der Frieden
geben meinem Dasein
den eigentlichen Sinn.

Blick zum Himmel

Ich schaue zum Himmel
und danke unserem Gott.
Danke für das, was Du gibst
und unser tägliches Brot.

Ich schaue zum Himmel
und danke unserem Gott.
Danke für seine Hilfe
in jeder erdenklichen Not.

Ich schaue zum Himmel
und danke unserem Gott.
Danke für seine Güte
und seine Gnade immerfort.

Ich schaue zum Himmel
und danke unsrem Gott.
Danke für seine Bewahrung
und sein Geleit zum rechten Ort.

Ich schaue zum Himmel
und sage Danke heut´.
Danke für seine Wunder
in jeder Tat und jedem Wort.

Gottes Liebe

Gottes Liebe erfüllt meine Seele.
Sie dringt tief bis in mein Herz.
Ich danke täglich im Gebet
und schaue himmelwärts.

Gottes Frieden erfüllt
mit Liebe meinen Geist
und lässt mich fühlen,
was L e b e n wirklich heißt.

Gottes ewige Treue
schenkt mir blindes Vertrauen.
Drum werde ich positiv
in meine Zukunft schauen.

Nur Mut

Fühlst Du dich einsam
und auch sehr allein.
Bedenke stets, so schlimm
kann es gar nicht sein!

Habe einfach nur den M u t
und lass` zwei Gefühle zurück.
Denn dem Zorn und der Wut
folgen der Frieden und das Glück.

Kannst Du in den dunklen Tagen
nichts auf dieser Welt verstehen.
Glaube mir, ich kann's Dir sagen:
‚Das Leben, es wird
trotz allem weitergehen. '

Aber denke wie ich stets daran,
dass letztendlich alles
zum Guten
sich wenden kann.

Liebe - Glaube - Hoffnung

Liebe

So wunderbar, dass es wahr ist.
Und die Liebe für mich da ist.
Ich liebe das Leben
und das Glück.
Die Liebe, die ich gebe,
kehrt in mein Herz zurück.

Glaube

So wunderbar, dass es wahr ist.
Und der Glaube für mich da ist.
Hoffnung, Glaube, Liebe,
darin ich mich täglich übe.

Hoffnung

So wunderbar. dass es wahr ist.
Und die Hoffnung für mich da ist.
Ich hoffe, dass die Menschen
sich besinnen und mit der Natur
zu leben beginnen.

Leben

Alles im Leben hat seine Zeit.
Schenke dem Leben
deine Aufmerksamkeit.
Nur die Liebe zählt,
was auch immer Du tust.
Sei Dir stets Deiner
Einzigartigkeit bewusst.

Lerne zu lieben
und niemals zu hassen.
Die Liebe und ihre Stärke
lassen sich kaum
In Worte verfassen.

An einen Freund

Holt die Vergangenheit Dich ein?
Bleibe s t a r k und sage: ‚N E I N'
Du suchtest nach Hilfe
und hast sie gefunden.
Die schmerzliche Prüfung.
Du hast sie überwunden.

Wenn die vergangene Zeit
auch nicht einfach für Dich war.
Mache Dir diese Worte im Leben klar:
‚Besinne Dich auf Deine Kraft

und lass einen Rückfall nicht mehr zu.
Bleibe stets ganz nah bei Dir.
Bleibe immer Du!

Sieh' einfach mal hin

Es gibt tausend Dinge,
die wir nicht beachten.
Fange heute an, sie mit
Sorgfalt zu betrachten.

Es gibt den fernen Himmel,
der auch einmal weint.
Jedoch die wärmende Sonne
immer wieder auf uns scheint.

Es gibt die kalte Dunkelheit
in einer langen Nacht.
Jedoch der leuchtende Mond
am Himmel über uns wacht.

Es gibt die wunderbare Erde,
die sich unermüdlich dreht.
Sie sorgt für uns und auch dafür,
dass die Zeit nicht stille steht.

Es gibt den hohen, steilen Berg,
der mächtig steht und felsenfest.
Der jedoch mit großer Mühe
sich von uns erklimmen lässt.

<-

Es gibt die große Liebe.
Sie schenkt uns viel Gefühl.
Wenn wir sie tief in uns spüren,
haben wir erreicht sehr viel.

Es gibt die schwierigen Zeiten
der Not und auch der Traurigkeit.
Doch sie weichen stets der Freude
und schenken eine gute Zeit.

Vergiss niemals, es gibt auch Dich
und das ist für Dich richtig!
Glaube an Deine Einzigartigkeit
und sei Dir immer wichtig.

Glaube mir, es gibt da jemand.
Der Dich niemals mehr vergisst.
Dieses Wissen ist doch wunderbar,
weil dies die Wahrheit ist.

Das Leben und die Zeit
sind Dein wahres Elixier.
Drum lebe mit der Zeit
stets im Jetzt und im Hier.

Der Traum

Nimm Dir heute einmal die Zeit

für Deinen schönsten Traum.

Schenk` ihm Deine Aufmerksamkeit.

Schenk` ihm Zeit und Raum.

All´ Deine guten Gedanken.

Sie schenken ihm das Leben.

Das Vertrauen an Deine Träume

werden Mut und Hoffnung Dir geben!

Drum nimm' Dir die Zeit

und sei ihr ein wahrer Freund.

Drum vertraue der Zeit.

Die mit Deinem Traum Dich ihr vereint.

Zuversicht

Vergiss die Trauer und die Sorgen.

Glaube mit Zuversicht an morgen.

Das Leben, es stets gut mit Dir meint.

Es gibt immer einen Weg.

So schwer er auch scheint.

Vertraue zu jeder Zeit auf Dich

und Du wirst dann sehen:

Das Leben, ganz egal was kommt.

Es wird immer weitergehen!

Erfahrungen

Die Erfahrungen des Lebens
lassen mich häufig erkennen,
dass materielles Denken uns
Menschen von der Liebe trennen.

Achte auf Dich, Dein Tun
und des Schöpfers Werke.
Suche immer aufs Neue
Deine verborgenen Stärken.

Denke positiv und vertraue dem Leben.
Es kann Dir sehr viel Schönes geben.
Dein Dasein hält viele Chancen bereit.
Du musst sie nur sehen, im Laufe der Zeit.

An einen vertrauten Menschen

Nutze die Chance,
vor Dir selbst zu bestehen.
Schau in den Spiegel,
da kannst Du Dich sehen!

Gib Deinem Leben
erneut einen Sinn.
Und sage zu Dir:
‚Ich bin, wie ich bin. ʼ

Sind auch Deine Tage
mal trübe und leer.
Du glaubst, Du verstehst
die Menschen nicht mehr.

Du bist für mich wichtig.
Heute sage ich es Dir:
‚Ich hab' Dich sehr lieb. ʼ
Deshalb vertraue doch mir.

Unsere Mutter Erde

Sie lebt und dreht sich weiter.
Und mit ihr lebe auch ich.
Sie hält so manches Wunder
bereit nicht nur für mich.

Sie schenkt mir Rat und Zeit
und lässt mich vieles machen.
Jeden Tag bin ich bereit
für all die wunderbaren Sachen.

Die Minuten und die Stunden.
Wie schnell sie doch vergehen.
Viele Tage und auch Nächte
werde ich weiter überstehen.

Mir wurde diese Zeit geschenkt,
um Frieden und das Glück zu finden.
Doch niemals möchte Mutter Erde,
dass ich mich an die Sorgen binde.

Unsere Mutter Erde,
sie wird sich immer weiterdrehen.
Doch die Zeit, die sie mir lieh,
sie bleibt irgendwann mal stehen.

Vergebung

Gott, der Schöpfer alles Lebens.
Mach' mich frei von materiellen Normen.
Erlöse mich von Sucht und Zwängen.
Schenke mir die Freiheit.
Rein gar nichts soll mich einengen.

Oh HERR aller Dinge.
Ich lasse Dich in meine schwache Seele ein.
Nur Deine Gegenwart lässt mich
in jeder Stunde voller Hoffnung sein.

Lass die öden Felder
in meinem Inneren wieder erblühen.
Lass mich grüne Wiesen sehen
und die Traurigkeit im Nichts verglühen.

Hilf mir doch ganz neu zu beginnen.
Schenk' mir der Gnade viel.
Lass das Unheil schnell verrinnen.
Damit ich wieder hören kann,
was meine Seele mir sagen will.

Lass mich mein Leben
doch in Gesundheit genießen.
Lass mich spüren die Stärke
und lass Lebensströme fließen.

Sei einfach Du

Sei einfach nur Du
und Du wirst es sehen,
wie einfach es ist,
den Weg Deines Herzens
zu gehen.

Höre, lausche und werde still.
Vertraue auf das,
was Dein Herz
Dir sagen will.

Lass es einfach zu.
So wird es geschehen.
Denn die Hoffnung hilft Dir,
in eine bessere Zukunft zu gehen.

Schenk mir das Licht

Zu Dir Herr
will ich mein Angesicht erheben.
Ich bitte Dich sehr,
mir neue Möglichkeiten zu geben.

Ich ging nicht Deinen Weg
und hörte Deine Stimme kaum.
Hier bin ich und will vergessen
den langen, dunklen Traum.

Mein eigenes Verhalten
mich in diese Leere führte.
Doch plötzlich ich Deine
Nähe wieder spürte.

Dem Sumpf meiner Gefühle
lass mich nun entrinnen.
Ein neues, gutes Leben
will ich mit Dir beginnen.

Denn alle Einzigartigkeiten
im Himmel und auf Erden,
können nur mit Gottes Gnade
auf Erden Wirklichkeit werden.

Suchen

Wir Menschen suchen
nach dem Glück
und finden es oft nicht.

Weil unser Denken,
Fühlen und Tun nur
auf ‚Suchen' ist gericht'.

Finden

Die Sprache des Herzens
ist ehrlich, offen und rein.

Warum müssen wir Menschen
überhaupt so schwierig sein?

Du bist frei

Das Leben,
es ist einfach wunderschön.
Kannst Du so manches
auch nicht immer verstehen.
Du bist frei.
Lass Dich nicht zwingen.
Erfreue Dich täglich
an den kleinen Dingen.

Die Stimme in Dir.
Lausche stets und höre ihr zu.
Was Du auch tust.
Bleibe immer wieder Du.

Bleibe in Deiner Mitte
und sei stets bedacht.
Frage und fühle,
was Dein Herz Dir sagt.

Vertraue der Sonne.
Sie wird Dich begleiten.
In guten Tagen
und auch in schwierigen Zeiten.

Lebe Deine Träume.
Bewahre Deine Lebensfreude.
Lebe nur im Hier und Jetzt.
Denn es zählt das Heute

Für meinen Liebsten

Du bist das größte Geschenk für mich.
Ich möchte Dir heut' sagen: ‚Ich liebe Dich. '

Wir haben zusammen viel Zeit verbracht.
Wir haben geredet, geweint und gelacht.

Uns verband die Freude und auch das Leid.
Wir fanden das Glück und den heftigen Streit.

Doch auch trübe Stunden
erschienen mir nicht mehr schwer.
Wenn Du mir sagtest zärtlich:
‚Ich lieb' Dich so sehr. '

Vertraue Dir

Vertraue auf Dich
und lass es auch zu.
Dann öffnen die
Türen sich im Nu.

Sehe die Chancen,
die das Leben schenkt.
Dann wirst sehen,
wie auch die Liebe Dich lenkt.

Hab' keine Angst
vor neuen Dingen.
Denn nur damit
kannst Du stets gewinnen.

Das Glück und die Liebe
erfüllen Dein Herz.
Der Glaube an das Leben
lässt uns blicken himmelwärts.

Vertraue Deinem Herzen.
Sehe dies als Deine Pflicht.
Die Wahrheit findest Du in Dir.
Denn Gefühle lügen nicht.

Alles ist möglich

Alles ist möglich.
Du kannst es üben.

Alles ist möglich.
Auch Du kannst Dich lieben.

Vergiss Deinen Kummer
und Deine Sorgen.

Denk' nur an Dich!
Jetzt - und nicht erst morgen.

Schließ auf Dein kleines Kämmerlein.
Lass' die wärmende Sonne heute ein.

Glaube an Dich und eine bessere Welt.
Es gibt einen Menschen, der zu Dir hält.

Dein Herz

Vertraue Deinem Herzen.
Denn es hört Dir zu.
Es fühlt nämlich alles.
Genauso wie Du.
Schenke ihm Beachtung
und versuche es zu verstehen.
Als Dank dafür wird es
jeden Weg mit Dir gehen.

Höre auf Dein pochendes Herz.
Das ist sicher mehr als richtig,
Denn der friedliche Einklang mit
ihm ist für Dich lebenswichtig.
Dein Herz fragt nicht
nach einem wie und wann.
Ich rate Dir offen,
fang spielerisch damit an.

Setz' Dich nur ruhig hin
und sei ganz still.
Lausche einfach auf das,
was Dein Herz Dir sagen will.

Schenke dem wertvollen Schatz
Deine Aufmerksamkeit.
Es kostet rein gar nichts.
... nur etwas Z e i t.

Liebe den Tag

Habe Vertrauen in das Leben.
Harmonie und Frieden
mögen Dich stets umgeben.

Schau' stets nur nach vorn
und blicke niemals zurück.
Liebe den Tag.
Er bringt Dir das Glück.

Quälen Dich manchmal
die Sorgen schwer.
Glaubst Du, die Sonne
scheint für Dich nicht mehr.

Glaube mir, jedem düsteren Schatten,
dem folgt bald ein Licht.
Bald wird es für Dich leuchten.
Bald erhellt es Dein Gesicht.

Weil ich Dich mag

Sag ‚Ja' zu Deinem Leben,
und bete zu unseren Gott.
Er wird Dir sicher helfen
in Deiner großen Not.

Verliere nie die Hoffnung
und finde wieder Mut.
Suche nach dem Frieden.
Es wird doch alles wieder gut.

So gern schreibst Du Gedichte.
Vielleicht sogar ein Buch?
An Themen dazu fehlt es Dir nie.
Ideen hast Du stets genug.

Vielleicht hilft Dir ein Urlaub?
Oder fahre doch zur Kur.
Mach' Dich von allen Sorgen frei
und sieh' das Schöne nur.

Ich möchte Dich gern lachen sehen.
Drum tue das, was Dir gefällt.
Ich hoffe, Du wirst bald genesen.
Gesundheit ist das höchste Gut der Welt.

Die gute Saat

Der Bauer große Hoffnung hegt,
wenn seine Saat in die Erde er legt.
Mit Gottes Segen zeigt sich dann,
was die Natur doch alles kann.

Es wächst und gedeiht
überall im Land.
Und wir sind ganz sicher.
Alles liegt in des Schöpfers Hand

Von Herzen

Schau' auf das Schöne in dieser Welt.
Tue einfach das, was Dir gefällt.
Wenn das Leben auch mal trübe ist,
vergiss nie, dass Du Dein eigener Meister bist.

Gehe Deinen Weg voller Herzlichkeit.
Nimm Dir täglich auch einmal für
einen lieben Menschen Zeit.
Fühl' Dich geborgen in Gottes Hand.
Denn das Leben vergeht schnell.
So wie die Spuren im Sand.

Liebe Dein Leben

Deine Gedanken sind Deine Welt.
Denke deshalb nur,
was Dir allein gefällt.
Liebe Dein Leben
und schätze Deine Freude.
Denke nicht an morgen,
sondern genieße das H e u t e.

Die Liebe

Harmonie und Liebe,
das sind zwei schöne Gaben.
Oft haben die Menschen
sie tief in sich vergraben.

Was ist das für ein Leben,
wenn im Herzen die Liebe fehlt.
Achte stets auf Dich,
wenn eine Pein Dich quält.

Lass dunkle Gedanken nicht zu.
Freue Dich täglich Deines Lebens.
Denn so manche Sorge wie man weiß,
macht man sich vergebens.

Ein kleines Lied der Liebe

Die Liebe ist das höchste Gut.
Sie steigt hervor aus der Erden Glut.
Ein Lied der Liebe mir im Ohr erklingt.
Es tönt, als wenn ein Engelschor singt.

Nur zu gerne lausche ich dieser Melodie.
In meinem Herzen schweigt sie nie.
Die Welt, sie wird niemals untergehen.
Bleibt in unseren Herzen die Liebe bestehen.

Liebe ist alles

Liebe heißt das ganze Leben.
Liebe möchte ich täglich geben.
Liebe ist alles, was uns umgibt.
Liebe die Liebe und Du wirst geliebt.

Liebe ist auch, verbunden zu sein.
Liebe heißt sehen, mit dem Herzen allein.
Lieben ist geben und nehmen zugleich.
Liebe die Liebe und Du bist sehr reich.

Nur ein Lächeln

Du darfst mit einem Lächeln Wunder erleben.
Nur ein kleines Lächeln kann Dir sehr viel geben.
Nicht nur Stress und Hektik wirken auf Dich.
Auch ein Lächeln steckt an und ich freue mich.

Läch'le doch herzlich - mit fröhlichen Blick.
Und Du wirst schnell sehen
- das Lächeln - es kehrt zu Dir zurück.

Die Sonne

Liebe Sonne - Du lächelst freundlich mir zu.
Wir lachen gemeinsam - ich und Du.
Du schenkst mir Wärme und das Licht.
Danke liebe Sonne, mehr brauche ich nicht.

Lass mich Dich spüren tagaus und tagein.
Ich werde strahlen wie Du
und im Herzen glücklich sein.

Lebe, liebe und sei froh

Erfreue Dich an der Vöglein Gesang.
Öffne Dein Herz und sei nicht bang.
Lebe, liebe und verliere nicht den Mut.
Hab' Sonne im Herzen,
und alles wird gut.

Lächle und spüre

Sei stets fröhlich und singe ein Lied.
Ein jeder ist seines Glückes Schmied.
Habe die Sonne im Herzen.
Was Dich auch bewegt.
Lächle und spüre,
wie die Traurigkeit bald vergeht.
Sei immer nur heiter und sorge Dich nicht.
Das Lachen bringt Frieden in Dein Gesicht.

Besinne Dich

Was ist geschehen mit dieser Welt?
Wo nur noch Macht und Reichtum zählt.
Wir Menschen müssen uns bald besinnen.
Und wieder neu zu leben beginnen.

Die Macht des Himmels

Ich glaube fest an die Himmelsmacht.
Und an den Schöpfer, der alles vollbracht.
Ich glaube an die Mutter Erde.
Und hoffe, dass ihr bald geholfen werde.
Ich glaube an die Liebe, die alles verbindet.
Selbst den Raum und Zeit stets überwindet.

Träume wollen leben

Auch Träume möchten gerne leben.
Willst Du ihnen nicht den Raum dafür geben?
Dann werden Träume schnell Wirklichkeit.
Und Du darfst die Wunder erleben jederzeit.
Lass' Deinen guten Phantasien freien Lauf.
Sie schenken Dir Glück. Nur achte darauf.
Sie sagen Dir mehr, als Du zu hoffen wagst,
Und sie werden wahr - wenn Du es magst.

Die Kunst zu leben

Leben, lieben und auch lachen
Tägliche Aufgaben mit Leichtigkeit machen.
Der Lebenskünstler dies allzeit versteht.
Voll frohen Mutes er durch sein Leben geht.

Stille im Gebet

HERR, lass mich Deinem
ewigen Glanze treu sein.
Erwecke meine Stimme,
lass mich reden, klar und rein.

Du Überbringer des
Schlüssels des hellen Lichts.
Weise mir den sicheren Weg
heraus aus dem Nichts.

Höchste Allmacht des
weiten Universums.
Mache mich zum Helfer
beim Schaffen Deines tun's.

Sei guten Mutes

Denke positiv und sei guten Mutes.
Frohe Gedanken bringen Dir viel Gutes.
Sei voller Hoffnung tagein und tagaus.
Positive Kräfte entwickeln sich daraus.

Denke stets positiv in allen Dingen.
Lass es geschehen und Du wirst gewinnen.
Sendest Du Kraft und Liebe in diese Welt.
Sonnenschein als Dank Dir den Tag erhellt.

Was ist mit dem Sand im Uhrenglas?
Schau' genau hin, wenn auch zum Spaß.
Alles im Leben ist eine Frage der Zeit.
Denn im Wandel liegt die Beständigkeit.

Die Kraft der Liebe

Liebe hat uns zusammengeführt.
Liebe doch täglich unsere Herzen berührt.
Liebe verbindet, sie kann Berge versetzen.
Liebe spricht, ohne zu verletzen.

Liebe öffnet Türen. Wir staunen und hoffen.
Liebe, sie lässt auch mal Fragen offen.
Liebe kommt und Liebe geht.
Liebe auch manchmal im Winde verweht.

Liebe kennt keine Grenzen und keine Normen.
Liebe ist geduldig in vielen Formen.
Liebe, sie scheint wie eine Himmelsmacht.
Liebe hat schon manche Wunder vollbracht.

Herr, schenke mir Kraft

Lass es geschehen,
Du höchstes Licht.
Segne mich mit Deiner
Kraft immer und ewiglich.
Mit Deiner Weisheit möchte
ich die Wunder dieser Welt erleben.
Dafür werde ich gern mein
Leben in Deine Hände geben.

Lenke stets meine Gedanken in
Deiner gerechten Weise.
Damit ich den Weg zu mir finde
auf meiner langen Reise.
Schließlich bist nur Du es HERR,
der treu und ehrlich an mich denkt.
Du bist der allmächtige Kapitän,
der mein Lebensboot lenkt.

Lass es mich sicher steuern
im irdischen Wellengebrause.
Damit ich mich nicht verliere,
auf dem Weg zu Dir nach Hause.

Ich bete für Dich

Bitte HERR hilf allen Menschen
ihren Frieden zu finden.
Bewahre sie täglich
und lasse sie Hürden überwinden.

Tröste die Schwachen
und der Kranken gepeinigte Seelen.
Lass Deine Gnade walten,
dass sie sich nicht so sehr quälen.

Schenke ihnen Beistand
und mildere ihr hartes Geschick.
Damit auch die Schwächeren
leben in Ruhe und Glück.

Danke

Das Leben ward mir einst von IHM geschenkt.
Der HERR im Himmel meine Schritte lenkt.
ER lehrte mich zu hören und zu sehen.
Wahre Werte zu erkennen und zu verstehen.
ER hilft mir zu vergeben und auch zu verzeih 'n.
ER soll meines Lebens ständiger Begleiter sein.

ER führt mich sicher so Stück für Stück.
ER schickt mir Liebe und mein Lebensglück.
ER schenkt mir ein fröhlich' und dankbares Herz.
Drum schaue ich mit Ehrfurcht himmelwärts.

Ich bete für einen Freund

GOTT im Himmel,
hilf ihm seine Krankheit zu überwinden.
Lass ihn bitte wieder zu sich
und in das Leben zurückfinden.

Schenke ihm Deine gnädige Liebe
und Deine Nähe stets aufs Neu'.
Schicke ihm Wärme und mache
ihn von seinen trüben Gedanken frei.

GOTT im Himmel,
hülle ihn ein in Geborgenheit.
Deine Gnade möge er spüren,
heute und für alle Zeit.

Lasst uns bitten

Für jene Menschen,
die krank und einsam sind.
GOTT, sende ihnen Kraft und Liebe
mit dem lauen Frühlingswind.
Lass sie auch fühlen und spüren,
wie Blumendüfte ihr Herz berühren.

Und die Strahlen der Sonne,
mögen erwärmen ihr Herz.
HERR, vertreibe mit Deiner Liebe
der Einsamen quälenden Schmerz.
Das Summen der Bienen,
so sanft und so rein.
soll flüstern dem Schwachen:
'Auch Du bist nicht allein'.
Ich lebe und ich liebe

Ich liebe jeden neuen Morgen,
sowie den Tag und auch die Nacht.
Ich liebe meinen großen Schöpfer,
der alle Wunder dieser Welt vollbracht.

Ich liebe das Hier und ich mag das Jetzt.
Ich liebe die Natur, die mich staunen lässt.
Ich liebe das Leben, wenn es auch vergeht.
Ich liebe Mutter Erde, die weiter sich dreht.

In göttlichem Sinn

Lass Deine Wahrheit
meinen Körper durchdringen.
Schenke mir die Weisheit meines Seins.
Mein Geist und meine Seele
werden durch Deine Hilfe eins.

Du bist für mich die klare Quelle
und der Tisch, an dem ich speise.
Deine Botschaft will ich hören.
und Deine Nähe immer spüren.

HERR, lass mich handeln
in Deinem göttlichen Sinn.
Trauer möge in helles Licht sich wandeln.
Sende mir Kraft und gib mir neuen Mut.
Denn mit Deiner Gnade wird alles gut.

Geistiger Glanz

In den Geheimnissen dieser Welt,
Du mein allwissender GOTT,
sei mein Begleiter in aller Not.
HERR, Du lebendiges Wesen,
Du geistiger Glanz,
erleuchte meine Seele.
Bewahre mich stets und ganz.
Du, der die Augen
der Blinden erhellst,
Du, der die Liebe mit
dem Frieden vermählst.
Du, der auch stützender
Stab der Wanderer bist.
Gibst Kraft den Schwachen.
Du hilfst und verstehst.

Schenk bitte auch mir
neue Kraft zu jederzeit.
Mit Deiner Güte hält das Leben
für mich viel Herrlichkeit bereit.

Worte an Dich

Lass Dich nicht beirren
und geh' Deinen Weg.
Löse Dich von des Tages Wirren,
welche am Abend der Wind verweht.

Spüre und atme

Ein goldener Streifen
am weiten Horizont
will Dir zeigen,
wo die Sonne wohnt.

Sie spendet Dir Licht
für jeden neuen Tag.
Sie schenkt Dir Kraft,
für das was kommen mag.

Atme tief ein
und genieße
der Sonne güldenen Schein.

Sonne im Herzen

Für Gottes Wunder nimm Dir sehr viel Zeit.
Sie täglich zu sehen, dazu sei stets bereit.
Höre, wie der Vogel ein Lied Dir singt,
wenn für Dich ein neuer Morgen beginnt.
Begrüße heiter den jungen Tag.
Nimm ihn an, was auch kommen mag.

Lass in Dein Herz den Sonnenschein.
Mit dieser Wärme fühlst Du Dich nie allein.
Spüre, wie der Wind Deine Haut berührt.
Wie der Blumenduft Deine Seele verführt.
Genieße Dein Leben, egal wie es auch ist.
Denke daran, dass auch Du
ein Wunder der Schöpfung bist.

Frieden?

Frieden heißt, es ist wichtig
zu lieben und nicht zu hassen.
Frieden heißt, auch seinem Nächsten
die nötige Freiheit zu lassen.

Frieden heißt, sich mit den
Menschen zu vertragen.
Frieden heißt, nicht nach
wieso und warum zu fragen.

Frieden heißt, auch mal
verzeihen zu können.
Frieden heißt, zu akzeptieren,
wenn sich die Wege trennen.

Frieden heißt, zu jeder Zeit
Verständnis anzustreben.
Frieden heißt, jedem andern
ebenfalls eine Chance zu geben.

Verlassen

Sind denn die Menschen
blind geworden?
Hier und dort,
und an vielen Orten.

Kälte, Gleichgültigkeit
und auch zugefügte Schmerzen,
lassen Mauern entstehen
um unsere kühlen Herzen.

Viele Menschen fühlen
sich einsam und verlassen.
Man sieht sich kaum an,
auf den belebten Straßen.

Es könnte wieder viel
mehr Liebe und Verständnis geben,
würden wir nicht nebeneinander,
sondern miteinander leben.

Mal so und mal so

Die Liebe gleicht den vier Jahreszeiten.
Mal Wärme, mal Kälte Dich im Leben begleiten.

Ob wärmende Sonne oder ein Gewitterregen.
Sicher ist stets - jeder Sturm wird sich legen.

Wenn schwankende Gefühle
Dein Herz bewegen.
Dann spürst Du das Leben.
Und das ist ein Segen.

Ich mag Dich sehr

Heute fühle ich besonders,
wie sehr ich Dich mag.
Und so war es schon immer.
Seit vielen Jahren und Tag für Tag.

Du liebst den Frieden,
die Sonne und das Licht.
Doch wie sehr ich Dich liebe,
das weißt Du oft nicht.

Nimm dieses Wissen
nun tief in Dein Herz.
Ich werde für Dich da sein
im Glück und im Schmerz.

Uns verbinden so viele
gemeinsame Jahre.
Siehst Du es auch?
Es werden grau unsere Haare.

Lass uns bis ans Ende
der Tage zusammen gehen.
Die Sonne wird für uns scheinen,
Du wirst schon sehen.

Sicher wird nicht immer nur Sommer sein.
Doch wir danken dem Schöpfer,
denn wir sind niemals allein.

Die Liebe

Das Feuer in uns einst erwacht.
Hat unsre Herzen zum Schwingen gebracht.
Wohin wir auch gehen, wo wir auch sind.
Für uns die Zeit der Verbundenheit beginnt.

Es gibt nicht immer Sonnenschein im Leben
das Schicksal hat uns auch Prüfungen gegeben.
Doch hören wir, was unsere Herzen sagen.
So kommen wir weiter, wenn Zweifel nagen.

Lass das Grübeln, lass den Zorn
zum Glücklich sein sind wir gebor´n.
Der Schöpfer will, dass wir Heute beginnen
mehr Leichtigkeit und Freude zu gewinnen.

Herzen die lieben, können verzeihen.
Kraft und Stärke uns verleihen.
Wir glauben an den Tag der neu beginnt.
Glauben, dass die Liebe stets gewinnt.

LIEBE und DANKBARKEIT

In Liebe und Dankbarkeit
will ich mich entfalten.
Schöne Erlebnisse bleiben
meinem Herzen erhalten.

Was ich an Liebe und Freude
in meinem Leben habe besessen.
Das werde ich sicher
niemals mehr vergessen.

Es gibt viel' kostbare Dinge
ob groß oder klein.
Gern dank' ich Mensch und Tier,
die mir schenkten Liebe klar und rein.

Liebessäulen wachsen zum Himmel empor.
Bringen Mut, Zuversicht und Stärke hervor.

Rollen über meine Wangen
auch manchmal Tränen.
Dann darf ich spüren,
mein grenzenloses Sehnen. '

Das Leben

Es ist wichtig, die Schönheiten
des Lebens zu sehen.
Und voller Vertrauen in
die Zukunft zu gehen.

Türen öffnen sich
zu neuen Dimensionen.
Sorgsam darauf zu achten,
das kann sich lohnen.

Gott hat uns den Mut
und die Kraft gegeben.
Hoffnungsvolle Ziele
Und Träume zu leben.

Positives Denken,
dazu sei gerne bereit.
Es macht optimistisch
und es befreit.

Dadurch entsteht reine Lebensfreude.
Ängste werden transformiert hier und heute.

Lass Liebe fließen durch Dein Herz
und durch Deinen Sinn.
Sage mit Freude: ‚Ich liebe die - die ich bin'.

Die Macht der Gewohnheit

Wie groß kann die Macht der Gewohnheit sein.
Oft holt sie uns im Alltag immer wieder ein.

In alten Gewohnheiten, da kennt man sich aus.
Doch selten entsteht etwas Neues daraus.

Weil das Alte zur Gewohnheit geworden ist.
Man das Neue allzu gerne vergisst.

Die Macht der Gewohnheit, geliebt und geehrt.
Schau genau hin. - Ist sie das wert?

Gewohnheiten machen das Leben nicht leicht.
Frage dich, welches Ziel wird damit erreicht?

Holt die Macht der Gewohnheit Dich ein.
So sage Dir laut – *,DANKE – NEIN`*.

Wenn neue Wege du willst gehen.
Dann lass` die Macht der Gewohnheit stehen.

Seelenbilder

Seelenbilder werden die Quelle
des Lebens sprudeln zu lassen.
Du brauchst Dich nur ein wenig
mit ihnen zu befassen.

Seelenbilder helfen, Deine Kräfte zu entfalten.
Sie unterstützen Dich in Deinem Verhalten.
Die bunten Farben holen an's Tageslicht,
alles das, was Dich gerade anspricht.

Seelenbilder senden dem Betrachter Harmonie.
Erfüllen das Herz mit frischer Energie.
Farben lassen Dich neue Erkenntnisse gewinnen. Du
kannst täglich damit beginnen.

Seelenbilder lassen Dich einen Sinn erleben.
Sie wollen Dir Licht und Liebe geben.
Die Farben sind leuchtend und wunderschön.
Es macht Freude, sie einfach nur anzuseh'n.

Seelenbilder, schöne Farben und Energien sind. Sie
gefallen den Erwachsenen und dem Kind.
Suche ein fröhliches Bild dir aus
und nimm es freudig mit nach Haus.

Das Leben

Du wirst geboren in diese Welt.
Du lernst zu leben, wie es Dir gefällt.
Von Liebe wirst Du meist umgeben.
Drum liebe Dich und auch Dein Leben!

Erfreue Dich täglich am Sonnenschein.
Lass die Wärme in Dein Herz hinein.
Sieh' die herrliche Natur in ihrer Pracht.
Schau' hoch zum Himmel
in einer klaren Sternennacht.

Nimm Dich selbst stets an und sei bereit
auf Dich zu achten jederzeit.
Lebe Dein Leben im Hier und Jetzt.
Vergebe von Herzen dem Menschen,
der Dich verletzt!

Besinne Dich auf das, woran Du Freude hast.
Gönn' Dir die Entspannung nach des Tages Last!
Lächle Dir auch mal zu. Sei fröhlich und heiter.
Denn was Du auch tust:

Die Welt dreht sich weiter!

Nur Mut

Alles in Deinem Leben hat seine Zeit!

Schenke dem Leben mehr Aufmerksamkeit.

Sei Dir Deiner Einzigartigkeit stets bewusst.

Dann begleitet Dich die Sonne,

was immer Du auch tust!

Göttliche Liebe lässt sich nicht beschreiben.

Sie will uns lehren, mit menschlicher Güte

den Hass zu vertreiben.

S t r e s s

Immer wieder dieser Alltagsstress.
Ich muss ständig daran denken,
dass ich auch ja nichts vergess'.

Im Supermarkt stehe ich
in der Warteschlange.
„Was ist denn nur hier los?
Kommt doch endlich mal zu Gange."

Auch mich drängt heut' die Zeit.
Denn ich hab' noch sehr viel vor.
Doch anstatt freundlicher Worte
dringt nur Missmut in mein Ohr.

Dennoch werde ich mich hüten
ebenfalls Zorn aufzubauen.
Ich möchte mir mit einem Schmunzeln
meine Mitmenschen genauer anschauen.

Ich atme tief ein und dann wieder aus.
Und mache humorvoll das Beste daraus!

Termine

Ein jeder hat so seine Termine.
Das ist uns wohl allen gut bekannt.
Dies führt dazu, dass wir gestresst
sind und auch heftig angespannt.

Wenn die Sonne untergeht
und der Abend endlich naht
spüren wir eine Erschöpfung,
die uns vor weiterem bewahrt.

Dass durch Hektik, Hast und Eile
Lebenskraft verloren geht,
dürfen wir niemals vergessen.
Doch leider spüren wir dies viel zu spät.

Nur Du allein kannst ehrlich fühlen,
was wirklich zählt in Deinem Leben.
Fang heute an, Dich das zu fragen
und Dir selbst das Wichtigste zu geben.

Lebensfreude

Den Blick zu fernen Gipfeln gericht'
und einen Sonnenstrahl in meinem Gesicht.
Das leise Summen einer Hummel
und die Freude bei einem Einkaufsbummel.

Dem Lied der Amsel will ich still lauschen
und auch gerne Zärtlichkeiten austauschen.
Ich liebe weiße Wolken, die vorüberziehen
und mag den Plausch mit meiner Nachbarin.

All' dies sind Augenblicke der Gegenwart.
Denn wir leben von der aufgehenden Saat.
Entzückt betrachte ich jede Pflanze.
Ich bin bereit, im Regen zu tanzen.

Ich schaue ehrfürchtig die Morgensonne
und das glühende Abendrot.
Denn all' diese Freuden
gehören zu unserem täglichen Brot.

Verliere nicht den Mut

Das Leben ist nicht immer heiter.
Plötzlich glaubst Du, es geht nicht weiter.
Hoffentlich hat Dein Leid bald ein Ende
und es kommt zu einer guten Wende.

Du wusstest nicht mehr ein noch aus.
Du denkst nicht mehr und verlässt das Haus.
Dass Du zurück lässt Angst und Sorgen,
wird bewusst Dir erst am nächsten Morgen.

Heute ist auch Dir sicher deutlich und klar,
in jener Nacht ein Schutzengel mit Dir war.
Er hat Dich sicher zu einem Freund gebracht.
Er half Dir durch diese dunkle Nacht.

Was auch geschah in der vergangenen Zeit.
Finde nun zu Dir. Sei doch dazu bereit.
Was auch geschah – es wird Dir vergeben.
Verlier nicht den Mut – vertraue auf Dein Leben.

Täglich

Täglich vertrau' ich
dem Leben aufs Neue.
Täglich ich mich
der kleinen Dingen erfreue.
Tägliche Gedanken,
sie kommen und gehen.
Täglich darf ich bewusst
die Gegenwart sehen.

Täglich genieße ich
Momente des Glückes.
Täglich bin ich von
meinem Dasein entzückt.
Täglich die Welt mich in Atem hält.
Täglich tue ich das,
was mir nur gefällt.

Täglich kann ich an
Dich nur appellieren.
Lass Dein Leben
niemals manipulieren.
Denn die Freuden des
Lebens gehören Dir.
Ein zufriedenes Leben
ist der Lohn dafür.

Bleibe Dir stets treu

Es möge Dir stets gelingen
Lebensfreude in den Tag zu bringen.
Pflichten bestimmen den Alltag täglich aufs Neu.
Doch vertraue dem Leben - bleibe Dir treu.

Hält das Leben auch Not und Pein bereit.
Dies ändert sich wieder im Laufe der Zeit.
Bist Du mal einsam und fühlst Dich allein.
Glaube mir, es wird nicht immer so sein.

Die kleinen Freuden erblickst Du aufs neu.
Und wahre Freunde bleiben Dir auch treu.
Du bist nicht allein bei Tag und bei Nacht.
Der Schöpfer der Welt Dich stets bewacht.

Lade die Liebe, den Glauben
und die Hoffnung zu Dir ein.
Sie werden sich freuen,
Dein Gast zu sein.

Alles im Leben hat einen Sinn

Nichts ist hoffnungslos oder vergebens.
Hinter Dir steht der Schöpfer des Lebens.
Derjenige, welcher uns trägt und hält.
Er möchte, dass es uns auf Erden gefällt.

Entdecke die Wunder täglich aufs neu.
Sieh die kleinen Dinge. Darüber Dich freu`.
Auch die netten Gesten der Menschlichkeit.
Erwidere sie ehrlich - sei zur Nachsicht bereit.

Hör, ' wie die Amsel trällert auf ihrem Ast.
Sie singt noch schöner, wenn Du auch lachst.
So wie die Menschen lachen und weinen.
Positive Gedanken werden immer vereinen.

Schaue offen und fröhlich zum Himmel hin.
Denn alles im Leben hat seinen Sinn.

Harmonie

Entspannung finde ich beim Lesen.
Bei leiser Musik möcht' ich die Zeit vergessen.
Einfach nur tun, was mir so gefällt.
Ach, so herrlich ist diese Welt.

Bei einem Spaziergang
will die Natur ich genießen.
Ich kann sogar sehen,
wie die Knospen sprießen.

Ich möchte meine Seele baumeln lassen.
Zufrieden liege ich auf dem grünen Rasen.

Ein warmer Sonnenstrahl mich zärtlich weckt.
Ich spüre nun die Kraft, die in mir steckt.
Dieser Moment prägt sich tief ins Herz hinein.
Ich genieße das Leben um glücklich zu sein.

An Dich, mein Kind

Alle guten Mächte mögen Dich begleiten.
Bei Tag und bei Nacht. In schwierigen Zeiten.
Die Reise auf Erden mit der Geburt beginnt.
In Liebe denk' ich an Dich - mein Kind.

Ich wünsche mir sehr, dass Du glücklich bist.
Du Kummer und Sorgen schnell vergisst.
Du gehst Deinen Weg,
wirst erwachsen geschwind.
In Liebe denk' ich an Dich - mein Kind.

Sommer, Sonne und Urlaubszeit.
Das Fernweh führt Dich oft viel zu weit.
Du liebst den Strand, das Meer, den Wind.
In Liebe denk' ich an Dich - mein Kind.

Voller Sehnsucht erwarte ich Deine Wiederkehr.
Der Glanz Deiner Augen, nichts gibt mir mehr.
Ich liebe Dich sehr, wie eine Mutter eben liebt.
Und ich danke dem Schöpfer, dass es Dich gibt.

Der Frieden in Dir

Du gehst viele Wege in Deinem Leben.
Der Weg zu Dir ist nicht immer eben.
Er zeigt so manche Höhen und auch Tiefen.
Hoffnungen und Träume gar anders verliefen.

Bleibe mal stehen und blicke zurück.
Finde Dich selbst, nur darin liegt Dein Glück!
Du bist die Quelle Deines Seins
Du allein, Deine Wünsche und Dein Leben.
Dies alles ist eins.

Bist Du dann endlich bei Dir angekommen,
wirst Du spüren, nichts wurde genommen.
Denn nur Du und Deine Lebensfreude
schaffen alle Hürden
im Jetzt und im Heute.

Meine Zeit

Du hast mir die Zeit gegeben.
Deine Zeit – in meinem Leben.
Vergangene Zeit, vergangene Tage.
Zu jeder Zeit ich neue Schritte wage!

Vor mir die Zukunft, sie scheint so weit.
Doch alles liegt in Deiner Hand
und in meiner Zeit.
Jede Stunde möchte ich füllen
und die Sehnsucht nach Liebe stillen.

Schenke mir Gelassenheit,
um in Harmonie zu leben – in meiner Zeit.
Hoffnung möchte ich säen in das Land.
In Frieden mit Dir gehen – Hand in Hand.
Zeige mir die Wunder dieser Welt.
Meine Zeit zu leben, wie es Dir gefällt.

Die Liebe

Die Liebe begleitet uns
vom Anfang bis zum Ende.
Die Liebe lässt so manches trübe
Schicksal sich zum Guten wenden.
Mit den Augen der Liebe
dürfen wir sehen.
Eine ehrliche Liebe
wird niemals vergehen.

Die Liebe in unseren Herzen
ist ein wertvolles Geschenk.
Mit dieser Liebe werden wir zur
Sonnenseite des Lebens gelenkt.
Die Liebe wollen wir wählen
als sicheres Lebensziel.
Denn mit der Liebe erreichen
wir ein gutes Lebensgefühl.

Die Liebe möchte sich preisen
an jedem Tag und überall.
Die Liebe ist mächtig und stark
wie ein gewaltiger Wasserfall.

Beachte die Liebe in jeder
Sekunde Deines Lebens.
Mit der Liebe im Herzen ist
keine Stunde für Dich vergebens.

Himmel aus Glas

Himmel aus Glas, wie verlockend Du bist.
Bei Dir spüre ich, was wahre Liebe ist.
Ohne Dich wäre diese Welt so kalt und trüb'.
Ich sage Dir heute, wie sehr ich Dich lieb. '

Himmel aus Glas, was ich im Herzen spür',
weißt Du ganz allein. Ich teile es mit Dir.
Du verleihst mir Flügel. Lässt mich schweben.
Du bist der Sonnenschein in meinem Leben.

Himmel aus Glas, Du kennst meine Gedanken.
Meine Sehnsucht kennt vor Dir keine Schranken.
Du schenkst mir die Kraft, heute und allezeit.
Du führst mich heraus aus der Dunkelheit.

Himmel aus Glas, Du hörst mich bestimmt.
Denn ich spüre Dich zart im Sommerwind.
Niemals zuvor besaß die Liebe so viel Raum.
Himmel aus Glas, ich danke für diesen Traum.

Das Band der Liebe

Göttliche Liebe hat einst
unsere Herzen berührt.
Die Banden der Liebe
haben uns zusammengeführt.

An manchen Tagen war
es gar nicht so leicht.
Doch gemeinsam haben
sehr viel wir erreicht.

Wir haben im Frühling
geweint und gelacht.
Der Sommer unseres
Lebens hat uns Ruhe gebracht.

Auch im Herbst sehen wir nun
zu zweit die Rosen blühen.
Heute sage ich Dir von Herzen
für all' Deine Liebe: ‚Danke schön.‛

Die Liebe Gottes

Ich bin ein Wunder – geschaffen von Gott.
Er allein trägt mich sicher zu jedem Ort.

Gott liebt mich so – wie ich wirklich bin.
Voller Vertrauen ich göttlich behütet bin.

Ich darf meinen Weg gelassen gehen.
In Gottes Hut kann ich überall bestehen.

Der Herr im Himmel leitet mich zu jeder Zeit.
Die Liebe zu ihm macht mich zu allem bereit.

Mit Gottes Segen jeder Tag mich erfüllt.
Sein Schutz mich stets in Sicherheit hüllt.

Ich schaue nach vorne und niemals zurück.
Denn ich sehe die Liebe - auch mein Glück.

Herr, nach Deinem Willen will ich leben.
Du wirst mir Kraft und Mut dafür geben.

Unser Buch

Das Buch des Lebens,
es wurde für uns geschrieben.
Für zwei Menschen
die sich von Herzen lieben.
Das Schicksal hat uns zusammengeführt.
Mein Herz, es liebt Dich - ich bin gerührt
Keine Stunde habe ich jemals bereut.

Wir halten zusammen
schon eine kleine Ewigkeit.
Wenn zwei Menschen sich achten
und stets vergeben,
wird die Liebe sie belohnen
für ein ganzes Leben.

Nimm Dir die Zeit

Nimm Dir die Zeit, Deinem Partner zu sagen:
„Schön, dass es Dich gibt.“
Höre den zärtlichen Ton, wenn er entgegnet,
dass er immer nur Dich liebt.

Nimm Dir die Zeit mit Freunden zu sein.
Mit Freude und Spaß bei einem Glas Wein.

Freunde sind im Leben ein wertvoller Schatz.
Drum gewähre ihnen im Herzen einen Platz.

Nimm Dir die Zeit
Dich um die Nächsten zu kümmern.
Sonst könnte sich die Einsamkeit
in ihren Herzen noch verschlimmern.

Nimm Dir Zeit, die Schönheit der Natur zu sehen
Fühle die Faszination beim Spazieren gehen.

Nimm Dir die Zeit
Dich selbst zu finden.
Es gibt in Deinem Leben
so manches zu ergründen.

Nimm Dir die Zeit
für die Wunder im Leben.
Denn der Schöpfer hat eine
wunderbare Zeit Dir gegeben.

Tief im Inneren

Die Liebe kommt aus der Erde Schoß.
Dort ist die Liebe riesengroß.

Die Liebe ist des Lebens Sinn.
Ich bin dankbar, dass ich geboren bin.

Die Liebe hat uns einst vereint.
Sie ist für mich ein wahrer Freund.

Die Liebe weckt Gefühle so wunderbar.
Sie ist meinem Herzen immer nah.

Die Liebe tut manchmal auch bitterlich weh.
Doch schwindet der Schmerz,
wenn ich in liebende Augen seh'.

Die Liebe spricht die Wahrheit
in all unseren Lenzen.
Die Liebe - sie kennt keine Grenzen.

Die Liebe kann auch Berge versetzen.
Sie kann heilen ohne zu verletzen.

Die Liebe kann Dir Hoffnung geben.
Ein Hoch auf die Liebe in unserem Leben.

TRÄUME

Träume sind wie silberne Sterne.
Sie scheinen Dir in weiter Ferne.

Wenn sie von Dir angenommen werden,
so erfüllt sich Dein schönster Traum auf Erden.

Träume sind geheime Wünsche.
Sie sind ein Sehnen und ein Hoffen.
Schau optimistisch nur nach vorne.
Dann stehen viele Türen Dir offen.

Lebe Deine Träume
aus tiefsten Herzen nur heraus.
Erfüllte Träume schauen
schließlich wie ein Wunder aus.

Träume, lebe, liebe
und singe ein helles Lied.
Denn Du allein
bist Deines Glückes Schmied.

Licht und Liebe

Du musst die Schönheit des Lebens sehen.
Du kannst voller Vertrauen in die Zukunft gehen.
Dann öffnen sich Türen zu neuen Dimensionen.
Wenn Du darauf achtest, wird es sich lohnen.

Durchbreche heute alte Leidensschleifen.
Befreie Dich davon. Lass' neue Kräfte reifen.
In Dir erwachen andere Ziele im Leben.
Gott hat Dir zur Umkehr den Mut gegeben.

Sei nun stets zum positiven Denken bereit.
Auch ich wurde von negativen Einflüssen befreit.
Heute besitze ich wahre Lebensqualität.
Ängste schwinden und Traurigkeit vergeht.

Licht und Liebe
erfüllen mich beim Neubeginn.
Ich darf erkennen,
wie einzigartig ich doch bin.

Ich gehe auf wunderbare Weise
auf meine eigene Entdeckungsreise

Die Liebe zu mir öffnet meine Augen
und zeigt mir einen neuen Sinn.
Ich achte die Frau, die ich heute bin.
Was war, das war – was ist, das wird.
Der Himmel auf den rechten Weg mich führt.

Hallo mein Körper, mein fester Bestand.
Nimm mich in Freundschaft an Deine Hand.
Mir war nicht bewusst in vergangener Zeit,
was Du für mich leistest an Schwerstarbeit.

An Dich zu denken, kam mir nicht in den Sinn.
Doch heute ich da ganz anderer Meinung bin.
Ab heute passe ich gut auf Dich auf.
Ich werde Dich hüten. Verlass Dich darauf.

Mit Sorgfalt und Liebe achte ich nun auf Dich.
Denn Du wolltest nur das Beste für mich.

Mit einem gesunden Körper kann ich bestehen.
Wollen wir gemeinsam durchs Leben gehen?

->

Mein Leben hat einen neuen Sinn
und ich bin dankbar, dass ich geboren bin.

Hallo mein Leben, mein starkes Gefühl.
Ich habe Dich missachtet im Weltengewühl.
Habe Dir zu wenig Beachtung geschenkt.
Das zarte Gefühl ‚Liebe' einfach verdrängt.

Bist Du bereit, Dich mit mir zu vereinen?
Dann wird die Sonne für uns scheinen.
Wir werden im Herzen wachsen und sprießen.
Wir werden jeden neuen Tag genießen.

Kraft zum Leben

Mir wird die Kraft jetzt und alle Zeit gegeben.
Ich gebe sie weiter an meinen Geist,
meinen Körper und mein Seelenleben.

Diese Einheit wird umgeben
durch des Universums helles Licht.
Es lässt mich alles leichter regeln
und schenkt mir eine weite Sicht.

Gottes Energie wirkt zu jeder Zeit auf mich.
Durch seine Liebe und Güte lebe ich.
Er befreit mich stets von
jeglichem negativen Denken.
Seine Gnade will uns allen
den Frieden im Herzen schenken.

Ich bin stark im HERRN und in seiner Macht.
Ich danke dem Schöpfer für all' seine Pracht.

Ich fand den wahren Glauben im HERRN.
Seiner Güte will ich mich niemals verwehr 'n.

Er gab mir seine Liebe und sein Geleit.
Dafür möchte' ich danken zu jeder Zeit.

Dein Tagebuch

Ein Tagebuch zu schreiben
kann große Freude Dir bereiten.
Schreibe nur täglich etwas hinein.
Es muss ja kein Roman gleich sein.

Schreibe doch einfach,
wie das Wetter so ist.
Oder frage das Tagebuch,
ob Deine Freundin Dich vermisst?

Ganz egal, was Du
heute auch hast gemacht.
Du wirst später staunen,
was Du so zu Papier gebracht.

Schreibe einfach,
ob Du traurig warst oder auch froh.
Papier ist sehr geduldig
und das Leben mal so oder so.

Nach vielen Jahren kannst Du lesen,
was Dir das Leben so beschert'.
Du lächelst sanft und denkst zurück.
‚Dein Leben war doch lebenswert. '

Quelle der Kraft

So gerne geh' ich in Gedanken
an die Quelle meiner Kraft.
Ich liebe diese herrliche Oase,
die Frieden und Harmonie mir schafft.

Hier kann ich mit dem Herzen sehen
und mit den Augen
der Liebe durch das Leben gehen.

Diese Kraft öffnet meine
Sinne und meinen Geist.
So dass die Güte mir ihren Weg stets weist.

An der Quelle der Kraft lass'
ich mich führen und leiten.
Von Engeln des Universums lieblich geleiten.

In meinem Herz der Dank erwacht
und auch ein leises Hoffen.
Die Quelle der Kraft gehört nicht mir allein.
Sie steht für jeden Menschen offen.

Schützende Hand

Du bist ein Mensch – von GOTT geschickt.
Er stets wachend vom Himmel blickt.

Du wirst geliebt. Du bist anerkannt.
GOTT hält über Dich seine schützende Hand.

Du bist ein Individuum – von GOTT gemacht.
Er hält treu und gnädig über Dir Wacht.

Lebe Du Deinen Traum in Deinem Land.
GOTT hält über Dich seine schützende Hand.

Schützende Hand

Du wirst geboren in diese Welt.
Eine Welt, die Dich in Atem hält.
Du gehst Deinen Weg, so Schritt für Schritt.
Doch GOTT im Himmel geht mit Dir mit.

Du bist ein Kind dieser großen Welt.
Es ist Deine Einzigartigkeit, die GOTT gefällt.
Du gehst Deinen Weg und Du wirst geliebt.
Es ist unser Heiland, der die Liebe Dir gibt.

Die neue Zeit

Wir stehen am Anfang einer neuen Zeit.
Sie hält viel positive Aspekte für uns bereit.
Die Zeit, sie läuft nach vorn und nicht zurück.
Mach' es wie sie. Such' künftig Dein Glück.

Die Zeit regt uns nicht an, ständig zu hasten.
Sie, Dein Lebensbegleiter will auch mal rasten.
Du musst nicht ständig zur Uhr hinschauen.
Geh' einfach mit der Zeit und hab' Vertrauen.

Nimm' Dir die Zeit, nach den Sternen zu greifen.
Die Zeit lässt Dich wachsen. Lässt Dich reifen.
Die Zeit schenkt die Träume. Drum sei bereit,
Dich hinzugeben in den Bann von Raum und Zeit.

Mit der Zeit werden viele Träume wahr.
Denn im Traumland bist Du Dir wirklich nah.
Glaube an Dich und an Deine Zeit.
Euch beide verbindet die Unendlichkeit.

Nutze jede Stunde und jeden Augenblick.
Denn die Zeit hält bereit für Dich neues Glück.

Mutter Erde

Der graue Himmel seit Wochen schon weint.
Er ist sehr traurig, wie mir scheint.
Der Himmel fleht und kraftlos er spricht:
‚Ihr Menschen, vergesst Mutter Erde nicht! ‘

Mutter Erde wurde um ihre Reinheit gebracht.
So faucht sie am Tag und lässt stürmen bei Nacht.
Immer nur nehmen – so geht das doch nicht.
Auch etwas geben, das ist unsere Pflicht.

Für uns Menschen nur Macht und Geld noch zählt.
Das wird sie nicht begreifen, unsere schöne Welt.
Drum bitte ich euch: ‚Öffnet Augen und Ohren.
Sonst ist Mutter Erde recht bald schon verloren.

Vergiss nicht, dass auch Du ein Kind der Erde bist.
Dass die Reinheit der Natur auch Dein Leben ist.

GOTTES Wunder

Schenk' Dir die Zeit, GOTTES Wunder zu sehen.
Du musst sie nur fühlen,
Du musst nicht verstehen.
Höre, wie der Vogel auf seinem Aste singt,
wenn morgens früh
für Dich ein junger Tag beginnt.

Lächle zu dem Vöglein. Winke dem neuen Tag.
Erwarte frohen Herzens, was er Dir bringen mag.
Trifft die Morgensonne Dein Herz so zart und fein,
soll keine graue Wolke der Feind des Tages sein.

Spüre, wie der laue Wind sanft Deine Haut berührt.
Geh' fröhlich Deines Weges,
wohin er Dich auch führt.
Das Vöglein, der neue Tag,
die Wolken und der Wind.
All das ist nur ein Teil von dem,
was GOTTES große Wunder sind.

Suche stets mit Deinen Blicken
nach all' den schönen Dingen.
Ob die Knaben fröhlich spielen.
Oder ob die süßen Mädchen singen.
Genieße Dein Leben. Ganz egal wie es ist.
Doch vergiss nicht einen Moment,
dass auch Du ein Wunder GOTTES bist

Das Glückskind

Als Kinder des Glückes kommen wir zur Welt.
Und wir dürfen leben wie es uns gefällt.
Das Glückskind einen Schatz mit sich trägt.
‚Die Weisheit zu leben' – um die es geht.

Glückskinder haben eine reiche Phantasie.
Ihr reines Vertrauen schenken Harmonie.
Glückskinder lieben das Licht und die Sonne.
Wärme und Zuversicht erfüllen sie mit Wonne.

Glückskinder lieben sich, stehen wie ein Baum
prachtvoll im Grünen. Sie leben ihren Traum.
Glückskinder sind voller Stärke, Kraft und Mut.
Mit Verständnis in ihrem Herzen wird alles gut.

Glückskinder fliegen zu den Sternen der Nacht.
Sie tanzen im Mondlicht, das über uns wacht.

Ein Kind des Glückes niemals verlassen ist.
Denke daran, dass auch Du ein Glückskind bist.

Glaube an Dich

Ein jeder ist seines Glückes Schmied.
Wenn ein Tag auch mal nicht sonnig aussieht.
Lass' die Freude gerade dann in Dein Herz hinein.
Spüre schon am Morgen Dein Selbstbewusstsein.

Glaube an Dich und achte stets Deinen Wert.
Denke positiv und lebe unbeschwert.
Auf Dein Handeln und auf Dein Tun kommt es an.
So das Leben sich zum Guten wenden kann.

Positives Denken schenkt Dir Kräfte ohnehin.
Der Glanz der Sonne erreicht Deinen Lebenssinn.
Beginne nun, Dich selbst zu achten und zu lieben.
Du kannst das lernen. Du musst es üben.

So wirst Du in kritischen Phasen Ruhe bewahren.
Gelassenheit wird zur Routine mit den Jahren.
Drum sei frohen Mutes tagaus und tagein.
Denn das Leben möchte immer gut zu Dir sein.

Eine stille Minute

Sein einfach mal still, nur einen Augenblick.
Schenk' Dir etwas Ruhe für Dein Seelenglück.
Nur mit dem Herzen siehst Du immer gut.
Doch dazu brauchst Du neue Kraft und Mut.

Dein Verstand kann nicht fühlen.
Er weiß nicht, was für Deine Seele wichtig ist.
Er konkurriert mit den Gefühlen.
Weil er sieht, dass Du Dein eigener Meister bist.

Folge Deiner inneren Stimme
und höre ihren warnenden Unterton.
Denn was für Dich im Leben wichtig ist,
das weißt Du sicher schon.

Lebe glücklich, fröhlich und bewusst.
Du wirst behütet, egal was Du auch tust.
Lebe Dein Leben, so wie es Dir gefällt.
Du bist der Mittelpunkt in Deiner Welt.

Und weil Du einzigartig bist,
danke dem Schöpfer, dass es so ist.

Zwiesprache mit GOTT

HERR nimm alle Zweifel heut' von mir.
Hilf mir zu öffnen des Lebens Tor und Tür.
Lass mich nach vorne schau 'n in Deinem Sinn.
Zeige mir mit Deiner Güte, wer und was ich bin.

Öffne meine Sinne und mache mich stark.
Bleib' in meiner Nähe, was auch geschehen mag.
In Deinem Namen will ich tun und handeln.
In Deinem Licht möchte ich sorglos wandeln.

Meine innere Stimme will ich hören,
allezeit und rein.
Auch mein Herz ruft Deinen Namen.
Denn es will verstanden sein.

Lass mich offen sein für Intuitionen
und hilf mir diese auch verstehen.
Ich möchte Hand in Hand mit Dir
durch dieses Leben gehen.

Ich habe mich für Deine Kraft entschieden.
Für Liebe und Geborgenheit.
HERR, begleite mich auf allen Wegen.
Heute, morgen und für allezeit.

Zu Dir erhebe ich mein Angesicht.
Nun spür' ich Wärme und Zuversicht.